Koyi butji gunozipa – Gomogwa mukatikati

Ushehwedu Kufakurinani

First published in Great Britain in 2025 by:

Carnelian Heart Publishing Ltd
Suite A
82 James Carter Road
Mildenhall
Suffolk
IP28 7DE
UK

www.carnelianheartpublishing.co.uk

Paperback ISBN   978-1-914287-90-9

A CIP catalogue record for this book is available from the British Library.

Translated from ChiShona to TjiKalanga by Taboka Ncube

Edited by Letween Syadiobhe

Cover:

Artwork - 'Honey Pot' (2024), by Samantha Rumbidzai Vazhure (Chitende Fine Art)

Layout - Rebeca Covers

Interior:

Typeset by Carnelian Heart Publishing Ltd

Layout and formatting by DanTs Media

Nhungamidzo

Butji, izodliwa zwinozipa tjose,kakale ulinti unolapa mbili
unokuludzigwa nenyambi dzezwebutjilo.Ukadla butji nongwa vula,
ngono banhu banjinji banohla mola nyutji, bukulu hhapa
usakambala zwimbalo zwinodzibilila kuti usilumwe nenyutji,yezo
toziba kuti ukazana zwibuyanana nolumwa ne in'ompela kene mbili,
kene nhatu zwadzo dzinowokulonga buhongolela.Ikoku kotikala
hhapa usingazibe mola nyutji, ndikokunonga nhetembo
dzamunotuligwa naUshehwedu Kufakurinani Chireshe. Inhetembo
dzinozipa tjose,ngono hhanditogadzabgwe kuti kene yani
unowodzibala engahaya mbili kene nhatu dzinowumbhaya dzikasiya
buhongolela!

Ushehwedu Kufakurinani

Zwipila
Nhetembo dzetjikalanga dzakasiwa munagogu lulimi tipila kunzi
wandakalobola kunabo tezwala nabo mmezwale bangu, boMaphosa, ibo
bandila mbeli belakidza ludo gwelulimi gwabo bendila mbeli
neguhlonipha kakale beguleba beta netjintu tjabo, ndibo bandita hada
nehalabvuka kuti ndikwale nhetembo dzetjiKalanga.

Kuna iwe unobala Fesibhuku

Ndokulezwa iwe unobala fesibhuku
Toti nasi ihhuba gulu.
Wawana lubaka gwebala ndebo iyeyi nhikinini.
Inozipa kupinda hadza linagulu.
Pa ndipedza yiloba ndebo iyeyi ndili ipapa patjulu
Woga nosala unamibhuzwo mikulu.

Pabuso gwebhuku tohangana nebakwinya,
Tileba dzanhomwe nanhomwe dzabanotibudza.
Bamwe ndiko kwatinoyizela, tohwapo nedlilapo,
Takalingilila wha kubva kubakwinya nebanodiwa.
Pa kuli dzeludo ndiko kwatinodzipedzela.

Iswi bamwe tozuwa dzantolo ipapo,
Titji bana batjakula,
Tizana mumatombo,
Tizuwa dzekuzwikwele boLoreto,Mpandeni kene Thekwane.
Tozuwa dzose nedzinosiya banhu bakakuta!

Kwazo ndebo dzekukwele,
Tikumbudzana ngano dzabo gudo.
Tizuwa nekwebadiyi bakabehaka kuti tisibe bothubayi.
Tizuwa dzemahhuba ataka titihha tinongwa busukwa.
Ahh,takabhakhwa ipapo takatiwobona kukulu.

Tili ipapo pafesibhuku topakulilana dzinosekesa.
Ukasatjenjela noseka ukafa tikakubiganya!
Imwe mipikitja ungolinga ujali nongopaluka neseka.
Dzimwe ndebo ungobala ujali nofa neseka.
Koga hhate idzo dzose dzakanaka.

Pa kulibakwinya ibaba bahhele ipapo,
Kuli mabhetideyi wakumbula hhate ndebo.
Uligelezwo ndebo pafesibhuku inoposegwa.
Kene ukati ukangangwe inomuka yakapamhiwa.
Hhuba liswika ulabuka sekunoyi kwahingiwa

Tjakuhanhisa netjakugwadza waposela pafesibhuku.
Nhu wose unobva aziba kuti kunatjiyapo.
Kose kwatjibe palenje,

Ngobe dzose dzolebwa pahhele banhu.
Ah! Pamwe ndiko nda kwemahhuba,
Koga titjenjele tisizwihakile lufu.
Kudzimwe ntha iyo fesibhuku,
Inohingisiwa nezwimwe zwigebenga.
Zwanana zolahika mubutjetjana,
N'holo wazwo wahhala ndebo dzemunhobo.
Pa zwanana zwili pafesibhuku zwohaka lisiwa!

Mumatjokotjoko efesibhuku nozana wakatjenjela,
Ukasatjenjela dzokhona thubuka,
Pa usapengela ipapo mfumakadzi kene nlume unokulamba,
Ukasahhula meho nohwa upoteleka,
Ukasapoteleka,mari nopedzegwa
Mukasapedzegwa mari,
Gugo butjilo nosiya utjila gumwe!

Mikumbulo yekukwele – umwe nemwe

Ndikakumbula ekukwele makole,
Gumwe lubaka ndobe nebuhongola kwazo.
Ndati ndikaleba ilindebo,
Banji mungati ndahaya tjeleba.
Nayikoko yangu mikumbulo ndomupa ili nhetembo,
Pamwe mungazuwa nekwangu nemhuli dzenyu.

Kukwele handitokangangwa nlume usinhoma iwoyu,
Waka esingasekelele kene mwana un'ompelazwe.
Waka ebona nehhiho linonga lenyoka,
Takatihaka kuti tshene kwabe newanokola gumbo lile,
Nlume iwoyu ndiye waka egala nebayisana
Nlume iwoyu,hhula nlomo wutukana koga,
Bona koga nlume iwoyu elimuzila,
Waka ubva watihha kusina nlandu wawathama.

Umwe nsi kwakabe nen'huhha,
Usinahoni usingahle,
Ekapoteleka enombwata kwaka kuna dzithoyilethi,
Ebele eposa nhuntana woyu,netiko sembudzi.
Kungojalo,nlume woya dzabe hungu!
Bana bekwele bekahaya waba whila ngoni.
Kukayi ndiyani wathama ejali? Wuu.
Mweni wehambwa iyeyi uponi? Huna.
Kuna ungadabila kwajali?
Tikahaya unobhuzwani nhuntana.

Akahema kukayi,munganditani?
Makakubungana makajali mondibona,
Mwenemwe kukayi yenda kuko,
Phasela tasenga mwenemwe kukwe!
Tikatapudza tikuba tinolaha.
Mwenemwe eka hema.
Ngono ungaleba ndiyani?
Kusina Mayi akutondiwa!

Kene uli iwe ungatini?
Muyibona tjini yakajali ndebo?
Ndikakumbula nhuntana iwoyu.
Ndokumbula ndebo iyeyi.

Mabuhongola – nzi unabusukwa

Ndimi zwangu nditunhumala,
Ndakambala angu mapatapata,
Wangu nkumbulo uli kumafupa,
Pamwe tingangula buhayi gunogala gwakatinamatila
Kene kuli kutshipi ndakatongobhuzwa mafata,
Bakati nditongozama tembezela,
Koga buhayi gwalamba gundidla sekupa,
Bakanyi bose banondiziba nekumbila,
Amwe mahhuba ndoyizela ndadla hanga.
Kwandinoyizela antoziba guma kene ilo zenge
Yemeewee! Ndadzila imi
Gwangu bupenyu gwayipa,
Ndekumbula gunika kule yeno kwelahila hambwa!

Mayile

Nolebesa mwana we hhazwadzi,
Kuti wogu ndigo butjilo gwawada?
Bupenyu gwengogala ukumbila kose usina honi,
Kene hwilila kunolebwa nebamwe awutjahaka,
Wasiyana poni newumukumbu?
Nohala muka ulilele hhuba nehhuba.
Lobhuda hhuba wakazwihhalilila,
Lodza likanongina munamayi zwalo wakakwitidza,
Noti gwedu bupenyu gulelu lelu?
Iko kwakakubhata kwakakubhata poni?
Nhu watakadiya ekapedza,
Whalo dzezwidiyo zwapehugwi wakapedza,
Koga kuti uti nohaka tjebhata nokongwa
Ngono bupenyu hwa ulilele netiko?

Kukotatjini ngono?

Ndina wangu mbhuzo banhu,
Ndanda kukwele mabhuku ndadla,
Ndangina mundebo dzetungamigwa kwehango,
Ndatungamila banhu bose bakadiya,
Ndabe nemari inohlisa akuna enganditebela,
Ndabaka n'umba dzisihoma,
Koga kwakajalo ndoyizela muwetela.
Bakadzi ndatola batanhatu kene banopinda ipapo,
Bana ndahhadza hango yose,
Mota yakabhuda hhulo ndiyo yandinonda nayo,
Kukotatjini ngono?
Lufu gotilizanisa.

N'handulo

Nawebo nowunletjedzela kunjisa
Dzene kuli imi topedzelana.
Mangwana ekapamha kakale,
Uwun'handule usinyalale.
Uwun'handule kwewun'handula tjose.
Uwumpe n'handulo inowum'paladza,
Hhapa ebhuzwa kuti kwatatjini nasi?
Iwe ibva wawumpedza khani.
Uwum'pe n'handulo isingahandulike,
Yega unobva abona kuti kwakangalala.

Tikasola tingasogwa

Hama dzangu mundibhatshe ndiboke
Butjilo gwangu nasi gwalulwama.
Bomme bakabehinga behaka mari,
Tikandisiwa kukwele titungamigwa naMwali.
Badiyi bekatipakulila luzibo,
Zwidiyo zwebupenyu nekumwe bekatipa.
Bokukubo betitumila zwinozipa,
Pamwe zwakazwitanga zwatembezelegwa.
Tingazibani zwedu kuhhe kwekuti takakunda
Pa kuli bhudilila takakuvumbatila mumaboko,
Hakungake kukatiha ipapo tolamba
Handingake ndikati ndatjiswika pehhugwi
Koga kwandaswika anditosola,
Ndikasola ndingasogwa.

Mbodza

Imi ndanonokegwa hhala yandibulaya.
Letja ndimone zwangu hadza
Nditongopedza hhala yangu,
Ndilimone ndilibilidza ndingafa.

Ndimi woya hhali ndasa pamoto.
Ndasendedza moto hawutjin'homa,
Ndagalanyana ndahohhela hhali,
Ndagalanyana ndahohhela kakale muhhadlana.

Ndasendedza ndiposela wunyana.
Ndagalanyana ndahohhela kakale,
Ndigala gala ndehohhela kakale,
Ahh vula inonga yabila iyeyi!

Akuna tjemilila hhapa.
Ndimi woya ndamwaya bwisa,
Pima kozibwa nani zwako?
Ngono iwo mpuhikilo?
Ndahaka ndahaka ahaya.
Woku kungandidziyidza!

Ndehingisa lugoti kuti bwisa gusigale pasi.
Konga kunohangana,nditongosiya.
Ndigala gale ndehohhela,
Gala gala ndahohhela,
Sikiza ndekwehhayivi kumande.

Kunohha kotiwana mbeli.
Ndapamidzila bwisa gwangu,
Ndakodza zwangu.
Ah! Kobumbana kongatina.
Iwo mapundu ndonga ndabhika nemavinga.
Ndengopakula lakajalo.

Yemewee! Hhala yayondibhuzwa ntupo.
Ndanokola hadza langu ndaposela munlomo.
Yemewee!!! Mbodza ayitodlika,
NaBhoki wakahwa akayihhulila meho
Iwe mubutjilo gugo nobhikani?

Tata Luzibo

Unozwiti unoziba ndiwupi,
Wakasunga mbabvu dzebutjilo ndi wupi?
Ndati nz'ibi wako kose ndiyani?
Unoti akuna tjandisingazibe ndiyani?
Monyalala amutondihwa kani?
Mangondilinga ndabhuzwa kusingahwakale?
Ehe unozwiti unoziba ngaamilike azwilobele maboko!
Tohaka wun'ziba tiwum'fugamile,
Tiwunzibe tiwun'te iye he wenhu wose.
Iwe unozwiti nz'ibi,
Tjawusingazibe wuti hawutoziba kuti hawutoziba!

Bhata magen'a

Pa tibhata magen'a,
Kuna zila yewabhata.
Tohhaka anyolonyolo,
Hatitongobhata ose ose.
Haazofanilo wonda kunjisa,
Ngobe engasalila mutjulu.
Haazofanilo kola kunjisa,
Ngobe kungakolamba nda nemwina.

Hatitongotola lukombo gose gose tisa.
Magen'a haate wotji ka,magen'a.
Totola midzi yedu to'inyolodza nemate.
Bamwe banoyitafunanyana,
Tobva tasa midzi mumwina mbijana mbijana.
Taisa, totongoma kwelubakanyana magenga etjanamatila.
Linga kuti manjinji tjini patinodusa midzi yedu.
Teeposela zwedu mugabha ledu,
Nasi tozwiluma lulimi nezipigwa!

Langu hwi kwawuli ndelekuti
Hhapa uhaka tjinhu utjibhate nezila!

Nyalala wulebeleka

Ukabona ulezwa nhu,
Engonyalala zwe eluma nlomo,
Elinga pasi sekunoyi atokuhwa,
Ukopamha lezwa koga esingahandule,
Ziba kuti wahandugwa ntolo.
Iko nyalala kuna kwakwaleba.

Wakumbila mazwibhatigwa kunhu,
Ekanyalala zwe,
Ukagomela nekumbila,
Ukapela bula nekumbila,
Iye kusina tjaanoleba,
Gala waziba kuti kuna tjalebwa ntolo.

Upakati kwebanhu banohanha,
Ukoti letja ndisekese bamwebo,
Upedza lebeleka bose bengokuhhulila meho,
Bamwe bengolabukisa meho,
Bamwebo hhabatjakhona kulinga kumeho
Ziba kuti nyalala ikoku kuna kwakwaleba

Mowumb'udza mahwi asimahhoma,
Ali mahwi akuna lamusawumbudza,
Koga iye uwe nlomo wu wakahaligwa.
Musikumbule kuti tjilengwe.
Nyalala kukwe mukahwilila zwakanaka
Mowowha kuti kuna kwakunoleba.

Nolamba uwunkwalila mahwi eludo,
Wapamha ukapamha pa watsapu,
Uwumbudza kuti newope hadzitjabhata.
Koga akuna kene hwi lehandula.
Usizwidziyidze wakahandugwa ntolo,
Ngobe nyalala wulebeleka

Bhuti Madlisa

Ndokumbula tikula tilibayisana batukununu.
Taka tonda zwedu kukwele,
Kwataka tidiyiwa zwema bhoyi skawuti.
Takadiyiwa tjila kusina botjukela nemunyu.
Tita zwebupenyu gwemuhango.
Tidiyiwa baka miha nemapango.
Zwidiyo izwezwi zwaka zwili mumoyo.
Tabwilila kanyi takatita matope tibaka mizi yedu.

Kwakajalo kwaka kuna bamwe bawhola patili,
Bakabetungamigwa nabhuti Madlisa Piriki.
Bhuti Madlisa bakabehlisa sathubayi.
Iswi takatikumbula kuti bakabeli thubayi.
Akuna waka eti kwe pa baleba,
Buso gwabo gwaka gunga gwakakwagwa nembawula.
Mbisana ekangobatanga koga waka elila.
Ndiye nkulu wedu Madlisa waka ehliwa.

Bhuti Madlisa baka babakabo,
N'ha wabakabezanila nebakwinya babo.
Imi na Bokani tikati limwe hhuba titongobasudza,
Ndiswi zwedu titjebelana tinda kunzi wabo.
Tikawana n'ha wakahama zwawo eli masikati.
Imi naBokani ndiswi zwedu tisena tingina.
Ahh titjakajalo tikahwa mahwi ehwakalila kule.
Tihohhela yemewee ndisabhuku nebanhu babe!
Hhate hla ikoko hhana yobhika mahhudzi.
"Yohwee tapela, tabenyama"

Ndiba nditi poni!
Maboko ndakapiwa ka,
Tibe timilika,ayinde nkwinya.
Tamilika naBokani hhana dzitani!
Bulengwe kani,wusaziba!
Tjinyolotjo tibe tifupatila,yezo tahangana nemweni we n'ha.
"Mabuyani nkulu"
Kwabe lezwa nenlomo koga,
Maboko takabhabha.

Mimwedzi ilikunovuna lunyala,mimwedzi mihanu

Ndikakumbula nekwebutjilo gwangu
ndotongozwibhuzwa,
"Wali Mwali wangu utjatjila?"
Ndikakumbula kwandakahangana nako
Ndozwibhuzwa kuti,
"Wali malopa angu akanazwiwa neni balume?"
Kuti mimwedzi ilikunovuna lunyala gun'ompela,mimwedzi mihanu!
Mwali koga bamwe mobawha tjini?
Imi mondiwha kene,mundilakidze kwakasumbikala?
Kuti mimwedzi ilikunovuna lunyala gun'ompela,mimwedzi mihanu?
Tsene ndakaziba kuti kopela nemihodzi,
Ndakagala ndakabaakanyila,
Hhuba ileli lelila.
Ndakanditi mandikumbula mukanditungamila,
Ndakasenga ndikasunda ndikagomela ndakamilila.
Ndakamilila mimwedzi iyeyi ilikunovuna lunyala gun'ompela,
mimwedzi mihanu?
Kati ngono takahanha titi tawhigwa ngoni?
Kwakakulisaziba hamu yamakamatisumbikila,
Kuti kunopela mimwedzi mihanu,
Tosala takahema tilipalenje.
Mimwedzi ilikuno vunalunyala gun'ompela ndakasenga,
Mimwedzi mihanu koga mwanangu elimuno muhango!
Mwali hinga kwenyu atitokuhwisisa.
Toziba zwedu lufu agutoguta,
Koga tola neluhaba gungapa kotigwadza kotidla moyo.

Mihodzi ndabuhika mumatama.
Kene kukawoma tjini handingalahe mbeleko nefigwa.
Ndakumbula Taboka kologwe tjangu,
Waka elipakati pakati kwemoyo wangu.

Hango yahanduka

Tingatini nekwetikala nasi?
Tingati wuhanduka kwemahhuba?
Ini tjamisa hango nen'holo wali?
Kuti ndiko kunoyi thama kwemahhuba ihhawa?
Zwanana hazwitjaziba kuti whola dzobuyisiwa.
Hakutjina tjinohlisa kene tjenamisa.
Bafumakadzi bombulana zwimbalo,
Balumebo bekati hatingasale toga!
Nowha ntome kuyi Ndiyi wehamente wahanduka thubayi,
Ngeno bamwe banotolana mipikitja belikunhobo.
Muma bayisikopo nemaTV komwayiwa ikoko kuyi ndigo butjilo!
Malebeswa bakafa bahhala nebuhongola.
Banohanduka handuka nen'tha yebupitipiti gwedu.
Basikana betengesa mibili sebanhu banotengesa matamatisi,
Bengatini wali bupenyu gwabo gulema kungapa?
Bayisana banohanha kunjisa,
Bamwe bowanana nabomayi bakabamwisa.
Kungapelela poni wali,kwangohhala ngwele dzisingalapike.
Nasi tonda sebanhu bapenyu,bugwele guli gele zwago mumbili.
Wayizela unongokwebewabo kundila mbeli,
Mangwanabo unohakabo uwe,
Tingahlani zwedu tina mano,
Mano etjila sebanhu bakasima iswi tina kwakasumbikiwa?
Malebeswa apa ndilinga hango yapalala.
Mundebo dzewanana kwantolo kwapinda.
Mahhuba ihhawa ngonda pa fesibhuku nekumwe ndapedza.
Mayi bebana ndahha nabo.
Kwekuti haka wawunoziba ndekwantolo!
Bukwinya hhagutjakudziwa santolo.
Pafesibhuku bakwinya banjinji kupinda zembwe imusaka!
Mme,tate nabasekulu bose batjibe bakwinya.
Whola dzidzo kun'hingo,nedzimwe hama batjibe bakwinya!
Ahh ndila mbeli nebakwinya babo ndatini imi?
Ndongolinga koga,imi ndatini?

Kwatakatongongina

Hule kwemakole alimakumi mabili ne anotondeka tasununguka,
Hango yakahangana nekusanhu kukatongohanganiwa nako mutjaba
tjose.
Takatinda zwedu koga mikumbulo ilikule.
Ukabhata mari mangwanana masikati yake yabe phepha.
Mwedzi waka upela nhu etukutila nehinga,
Koga pela kwemwedzi hakuna tjabhuda
Waka uboka wahanduka.
Wohanduka makhombi atanha,
Mari yawakasenga yotayila,
Kene kuyi dizili akuna mota dzabemile.
Mudoropo gwabe bukwelekwele goga,
Ungoti pakhona wabhakhwa watolegwa kose
Kose kunohakika,kwaka kuhayika.
Ungowa benyebezela beti "mari iyo koga".
Yakabe ibva poni mari yaka isipo?
Kene hhabeya baka benamihingo yemari,
Bakajitisiwa bekabe bahayi.
Ngono bakaloba badiyi nerekeni kukwele,
Bakabezwiloba fuba beti "toguswiswina, toguswiswina iswi malova!".
Beguswiswina bakazwidiya bakabhata luhaya.
Bamwe ndibo bakababe makorokoza,
Tjabaka beseka ntolo beti ndetje zwilengwe.
Bulengwe gusingatjahinge nekwele.
Milila pela kwemwedzi gwabe bulengwe,
Mari ilimusamba isingalebeleke,
Kuti ndakorokozewa.
Banjinji bakasenga kwabo
Bekafuluka bebhuda kuhhe kwehango,
Wali kulitanga ndzilo.
Kene ukanda poni kuyapo!
Ndakumbula dzila kwandaka hangana nako,
Wali ndakadzila bakwinya.

Ndiyani umu malebeswa?

Pa uliseli kwegwizi,
Hhawutjiseli kwegwizi.
Baseli kwegwizi banobe beti seli ndiko kwawabva.

Umwe pa takalingana unotondeka kulumehwe.
Imibo nditondeka kulumehwe.
Lumehwe kene ludli kohanduka kunda nekwawumile.

Padla umwe lumehwe ndigo ludli gugwe,
Koga umwe ludli ndigo ludli.

Umwe unoti kwakatangabepo ibumbulu.
Umwebo eti ngono bumbulu lakabigigwa neni?
Kose wukwebelana koga kotipani?

Tjinokudziwa wuwhisisana musawhisisana.
Tose timu malebeswa munyepa kwedu!

Lamba lambiwa

Waka uti wawanabo uwo wepamoyo,
Wazwipila ukati ndiko kuna ludo gugo.
Makawhanana mulimbisana nensikana,
Ludo gukapisa akuna waka ekumbulila kuti kungakona.
Wakayi nopiwa kose,
Ngono kwakandayi kose kwatinoleba nasi?
Ndiko tjengela ikoku,
Nyangila wakafala zwo.
N'holo lakakomilidza moyo uwo latola ntolo.
Usipele masimba mihodzi buhika,
Lamba lambiwa!

Lamba lambiwa nebupenyu gwakanaka,
Usizwilahe uti akutjina tjitjo.
Lamba lambiwa nebupenyu gwedla uligele zwo.
Usizwidle moyo ukongwa yizela.
Kunolebwa nebanhu usiwilile.
Lamba lambiwa nebupenyu gwawunohaka.
Usipandiwe nen'holo.
Lamba lambiwa!

Woya pa eti ma ndihanduke,
Usiwunsungile moyo koga lubaka gugwe gwakapinda.
Ukawuwamutjila wawamutjila buhayi.
Kene ekati unotumila n'gombe ngana,
Usitjatsambe pawabona kuti kopisa,
Pawunoziba woga kuti kopisa.
Ukawanana naye wabvuma butjilo gusakatjenjela,
Nobe walamba bupenyu guna mano.
Lamba lambiwa nebupenyu igogu!

Lukwalo: kuna unodiwa

Hawutjabongwa tjose iwe unodiwa,
Ukadzina ukubgwata semihodzi yenyoka kumande?
Kubva ndimilika kanyi hawuzotumila kene dama zwalo,
Usijalo kumande tjimumoyo.
Nekwandakakutila pa bhetideyi iyo ungandijali?
Ngono nematamatisi andakatumila naKuda wakawabona?
Noziba wali kuti Tate na mme bekuziba?
Bakabona pikitja iyo yeya wakabhuda maboko koga,
Ndakati woyu nlongo koga mpikitja unabuso unotobela.
Ngeno kuGoli ndokubunganya maheleni kolulwama koga.
Ndakawana mwina wangu usina unoziba,
Banhu bangeno hhabana mano sami noziba!
Ndoliga zwitolo zwikulukulu.
Ndotenga kubali nemari dzabo dzepenga,
Imi ndikolabuka ndinotengesa nemari dzipasi.
Ha ha ha ha, hhabangandikhone!
Nkulu Lisani ndiye wakandipa mari yebhizinesi.
Zwinhu hhazwitoma,ndingoswika nazwo banhu banobe bozwigwila.
Ndobona gole lipela ndihha ndiwokutola.
Kuti Tate babo bengalamba kuti ndiwobahingila kupulazi ndilipa
amwe malobolo?
Antobona belamba pa bekaziba kuti ndimi yani.
Ndiswi takatema miti yose tikapedza kuKalahari!
Ukahha ngeno kobe kuli hanha koga koga.
Tshipi dzangeno dzakanaka noziba.
Topiwa kweyizela nezodliwa kusina tjatalipa.
Ukahha ngeno tongoyizelabo nebamwe zwakatjipa
Ndidzo tshipi dzemalebeswa idzedzi,
Hadzitonga dzayikoko dzinohhaligwa,
Vula bo inokhiyiwa,
Zwin'mbana zwemutoropo zokhiyiwabo.
Ngeno hhatitodzila vula nezwin'mbana noziba!
Nditji ikoko ndakatongobhakhwa nemaphorisa ndilaha vula,
Kukayi takubhata nephabhuliki yurinethin'i!
Ini ikoko mbavha dzapela kene?
Ndakanobhuzwa whola yemaphorisa,
Kuti ndiipi phabhuliki yurinethin'i ihine?
Yandaka ndasungigwa kene yezwitila mubhrugwi?
Yezwitundila mubhurugwi yaka ihaka vula ina,
Ngono hhuba lakalipisa zwalo?
Kene ndiwebo ludo gwangu ndisekewe nehango yose?
Ngono wakati unondida lini ludo gwangu?
Ngono saku atjibemakole matatu usanu ukandibvuma?

Hhope

Lubaka gwandinokuhaka,
Iwe ndiko kwawunoti gumbo undisenge.
Bamwe bewolota zwabo,
Iwe ndiko kwawunonditihha,
Unobgwatazwo muma tjokotjoko emhiwa.
Ndowokukweba neni ngono?
Nasi wapamha ukatiha unda kakale kumatjokotjoko,
Ukandisiya neDzungu neNtumbu.
Ndakatongotuma Tjikokiyana kumatjokotjoko,
Ekagwisa kukalamba.
Hhulo kakale wakanditihha,
Ukandisiya naZwikwelete naJomba,
Viki yapinda wakandisiya naRenti,
Mwedzi wapinda ndaka ndinaBugwele naLufu.
Ngono ndingatjila tjini kwakajali wali?

Nasi masikati ndatongokubona,
Ngono wangopinda kwelubakanyana ndikasabona kuti wangina poni,
Wandisiya naNasi akunabgwisa!
Awutondiwhila ngoni tjini iwe Hhope?
Awutobe nehhuba lawunokumba naGalazwakanaka?

Konyana itjetji

Pa usanhu wahangana natjo hhawutotjiwisisa.
Banotjilela setji bgwanana banokutjenamisa,
Banotjiposa nemabgwe sepungu banokutjenamisa kakale.
Iwe ipapo nobe usingazanile pedlo natjo,
Kuko bukhwinya gwezanisana koga,
Koga ihhuba lin'ompela lawunobhakwa nekonyana itjetji,
Tjikanginisa meno atjo munyama,
Ndiko kwawunobona kuti hawuzotjenjela.
Ipapo nobe wozangwabo yawunogozwa zana bamwe.
Uli umwe hhapa wabhakwa gala pasi ugadzikane.
Uwhe kuti tjohaka kuti uteni.
Ukahaka thama kwekhani nopela.
Usizwilobe fuba uti ndiswi basingatangiwe,
Ngobe tjokhona kupalula palula.
Tjokhona kubenda ukasala usingalingike.
Pamwe ukatjiwhilila ungabhudilila.
Konyana itjetji tjakayipa koga tjakanaka.
Konyana itjetji tjoyi LUDO

Muka

Hhula meho awo ubone pahhe,
Lingisisa awutobona kuti akutjina tjitjo.
Nowobe ulimile ipapa koga?
Awutobona kuti wasiyiwa wakabhata bgwe?
Wasiyiwa ntolo wakahhula meho,
Noti kuna tjitjo ipapa wali?
Nawebo noduba neda zwinhu.
Wakongwa gutshiwa nekwawagala unako?
Ngono mahhuba abe mahanu wakangolinga zila,
Muka ubone kuti akutjina tjitjo.
Wati engongina nangeno ekabva anobhuda n'tha yeya,
Pa uti ndonyepa ngina ulinge.
Nohla ngina awutohaka malebeswa?
Wazangwa tayila tjitswa mutoropo mbisana wakanyi,
Tikalingisisa abazotanga nawe.
Zwigebenga zwinamoyo wakalembeleka se uwo,
Moteyewa sewobe ngobe makayizela.
Makayizela ngobe amutohaka zwihingila.
Akuna tjinowangwa usahinga,
Maboko awo ndiwo anohinga.
Usiyana neti ndiswi tinoziba toropo.
Ehhee noziba,linga wabeponi?
Wangoma wakahhula meho senhu waka,bumbiwa nedope
Wabe tjibululu zwatjo tjisina tjimwe.
Kwawakahingila gole lose kwanda!
Kunzi uwo bana banowotangila poni?
Iwe kunzi nobe waswika tjini,nayani?

Towotini?

Zwimwe zwinhu malebeswa hhazwitowhisisika,
Koga kene kukatini akuna tjisingapele.
Bupenyu gotongokumanikana,
Hhanha kose kukaswiniwa swiniwa.
Ngono towotini?
Toti tjivulamabgwe tjopinda.

Nohangana nekwawusingawhisise,
Moyo uwo unokulahisa wakalinga.
Ukati hhapa moyo ukabhatilila,
Wati yeno wanamatila kakale.
Towotini ngono?
Toti gadzikana kopinda.

Wawunoti ndiye upedlo nawe,
Limwe hhuba unomuka esitji iye.
Uti uwun'lezwe elinga zwe ntome,
Uti ubhuzwe kuti kwatatjini yemmewee wamusa mago!
Towotini ngono?
Toti tjinowuluka tjojita pasi.

Nokhona pa nelingilila kukulu,
Wobona kose kubhudilila,
Koga kukokona.
Kobva kwabe sekunoyi wawuzanazo matope.
Towotini ngono?
Toti usinyale.

Limwe hhuba awutowhisisa kwawumile,
Nohaya kuti ini tjatikala kukuli,
Ukadziyila uhaka kuti kubhude palenje,
Koga nobona mihodzi yowunga wolila.
Towotini ngono?
Toti ate iko pela kwebutjilo.

Ndekwemeho

Zwimwe zwinhu ndezwemeho,
Nlomo thuma ulahe lunji.
Makumbo thubula ulahile ngwena.
Maboko uwamone kuti esitjahinge kakale.
Nkumbulo loba loba udze unyalale.
Wajalo tjidlazo nemeho,
Wakasunungukazo mwise uzanazana.
Nodla ukazwimbigwa.
Ukahaka hingisa maboko,bhasopo!
Ukahaka hingisa makumbo,letja iwe!
Ukahaka hingisa nkumbulo bulemo gwabe gugo.
Zwimwe zwinhu ndezwelinga koga.
Ukazwidiya tjidiyo itjetji,
Wangina kwele tjikulu tjebutjilo

Bvuma

Kose unohaka beti ndiwe nkulu
Nohaka kuyi ndiwe unoziba kose,
Nohaka gala ulimbeli koga,
Bvuma kuti bayapo banokupinda.
Hhakuna nhu unoziba kose muhango,
Ukabvuma ikoko wabe nemano.

Ukasunda tjinhu tjikona milika,
Wasunda ngeno na yeno,
Tingati sundazo.
Pa sunda ikoku kosunda iwe,
Tobva tati tjibvuma.
Pamwe awuzofanilobe usunda,
Lubaka gopela ungopedza lubaka.

Bvumazo pa kwakona.
Iwe nobona kuti hhakutjina tjiyapo,
Ungasundana nebhodlela ilelo ini tjingabhuda?
Letja haka maorenji munti wematobgwe,
Pamwe ukatola matobgwe iwayo engakuhingila,
Tingabhika ntubgwi unozipa kupinda wemaorenji!
Usingotuzula meho.
Ziba kuti lubaka agutokumilila.

Londa

Apa ulibona lakahama,
Noti woku ndiko pela kwegumbo.
Nomimila ukalila ukadzina ukanyalala,
Nolila ukagomela negwadziwa.
Ipapo lobe litjinyolo lopa liwunga,
Koga ukalibhata zwakanaka,
Usa miti yose yekuti lipole,
Utata nhuzi nekumwe,
Nenda kwelubaka lopola.
Nyama dzokwebana dzikahhalilika,
Hule kwelubakanyana nobe woti ndapola.
Ipapo kene tshamba nobe wotshamba.
Usikolabuka koga gadzikana,
Letja ti ndiswi banokhona labuka,
Nowomusa kwakopola.

Londa lopela koga banga losala lilipo,
Ndilo linokukumbudza tjakakubhaya.
Kumatjokotjoko gumbo lilo halitjaswika,
Ndiwe webudza bamwe kuti letja kupole.
Ndiko hinga kwelonda,
Nosala watjenjela woziba kwetshamba nezila yetshamba.
Iko kwawakabe nelonda ate wakawatongobudziwa?
Koga ukati ndohaka hangana nako ndoga,
Ukavunila zwikuni muzebe.
Zwitsha akuna unozwidusa,
Mangwana zobhaya umwe kakale!

Unokupa ekutolela

Hinga kwenyu Mwali hhakuna unokuwhisisa,
Ndimwi munopa ndimwi munotola.
Makatipa Tate naMme tikaboka.
Tagalanyana mukatola Tate titjizwanana,
Mme bakasala babe ibo Tate.
Wana tjesa munlomo,tjembala nako kose ndibo.
Banobhatabhata betukutila nehinga.
Babhata woku bekabhata wokuya behaka tjingabhudilila,
Kutiwa nekuti ndimwi makatipa,
Koga ndimwi kakale makatitolela Tate?
Toti ndimwi munohinga mujali?

Tate pabakatogwa hama dzakati kuhomanana,
Dzikati naswibo tohaka zwinhu tingasalila.
Fumwa yemwana wabo bakanunga nunga,
Mota nekumwe bekakobelana,
Mme bekati antogwisa ndolinga kuna iye unopa.
Koga unopa ndiye kakale unotola kene?
Etola kuti ape,epa kwaatola?
Tikahaka londa akuna tjinobhuda,
Toboka Mme bamakatipa,
Banogwisana nebuhayi iswi bana kutilulamila.

Totjidziwa namwi Mwali banopa.
Tokumbila kuti mupe Mme bupenyu gulefu.
Mubape mhahha isingapele,
Mubakundise kose kunobabgwiliza hule.
Imwi banotola,tolani buhayi muposele kule.
Kene kukalema tjini Mwali banotipa.

Usisale

Hango yanasi inohaka wakatjenjela,wakamusa.
Kwatanga tinda negumbo pasi ngwenu tabe nehangu,
Iwe ukasala uloba bhadu bhadu toti wagagwa nendzimu.
Kwataka tinda nehangu toyenda tiligele,
Hakutjahaka nda nemakumbo undanhambo dzikule.
Usisale woga.

Luzibo gwabepo guhhele pa inthaneti.
Ntolo taka timilila budziwa nebabva kudzimwe hango,
Ngwenu luzibo toguwana mutsime leluzibo.
Nohala woga kwawunohaka nekwawusingahake.
Ntolo takatisenga mabhuku nemabhuku,
Koga ngwenu noposela kose mumafoni,
Noposela mabhuku ose ehango mukwama!
Usisale woga.

Kudzitshipi takatilemegwa nawo mabhayibhili,
Mabhayibhili ihhawa aka ehaka utange wadla usanhu wasenga.
Takatihaka bonakala kuti una gulugulu ndiyani.
Ngono kwezwilemedza ukakanyala ndekwahulo
Bhayibhili lilo nosa mufoni gamu langu
Akasiyanasiyana mabhayibhili abe musamba!
Ndiko ndilana nelubaka ke ikoku.
Usisale woga nkwinya.

Usisiyiwe nelubaka,
Pa lubaka gukupa kunota kuti bupenyu gube gulelu lelu,tola.
Bamwe tohaka lila nemari,
Titi zvinhu zwitshwa zwosiya samba tjiloba mhepo.
Ndiko saziba ke ikoku,
Banaluzibo banoti "kwakatjipa kodura".
Ukaziba kuti lubaka imari,
Ukakolinga lubaka gwawunolahikigwa nago,
Ndiko kwawunobona malebeswa ebana mano,
Usisalile hule woga nkwinya.

Nhu wose unoti yangu ndiyo wulu wulu

Umwe kukangobe nebanhu unoyidusa,
Eyiwala patjena kuti lingani,
Ezanazana kuyi tjitongo lingani.
Yangu inotatamuka ibe nlongoloso yakalinga kule.

Umwe unoyihomola ekoyinika munsungo,
Ekomimila kuyi hama lingani tjandakasenga,
Apa kene amutondiwha bakanyi kwedu?
Woku kulimimila,elilila,
Kuti iye ndiye una isihoma!

Umwe eti ndina bana babili banongina kwele,
Banohaka zwaka siyana siyana zwisinga swike,
Abazo ruwela kwele.

Umwe unolila nehaya mwana nsikana,
Bana bali bayisana boga,
Ngono bengina kwele bose.

Umwe unolila nemwana un'ompela,
Kuyi lingani unohwa epoteleka nemituzi,
Kwele wakalamba,
Unongosumha neguma edziyilila tjihhubana.

Umwe unoti wangu wakapedza kwele,
Ekaswiswina mabhuku,
Ugele munzi mihingo inohaka una wawunoziba.

Kukobe ne unoti imi ndakasiya n'hingo,
Kene nenda ndohwa ndiligele,
Kubva kubala kwekologwe tjangu.

Umwe unohaya kuti unowobapani balibabili koga,
Hhatoyizela eyedza bhika mabgwe,
Eti pamwe kungabvilidzila ntubgwi bana bekaseba.

Umwe hhulo wali wakatjinyikigwa nenhhuhha,
Umwe kakale nemwanana wakanakisa tjose,
Ngono kuna unohaya kene luhaba.

Hhakuna unoti buhayi gugwe gutukununu,
Bose banokumbula kuti banodziyila kwazo kwazo.
Hohhela usanhu ukalila ubone kuhhe.
Nowobona kuti mamanikanyo awo malelulelu,
Kene nefema,uyapo wapelegwa!

Viri, Simbe labe n'lota

Totanga besa lakalili viri lemota,
Zwiphephana manjwanjwa zwakazwabhatila.
Unowa putika putika lilibhulubusi.
Kusina usingahake bwatila iyo mbaba,
Bose behaka dziya paviri ileli.
Maboko etambunudzigwa kumoto,buso gusununguka.
Whuni dzipfuta mumoto whoyu esedzela kukayi ndingasalila hule.
Lubaka gunanayila viri likabemoto zwalo.

Naswi tikasedzela tjose,
Tjinyolotjo moto ukabe moto.
Ludo ndiye wakalabuka enohaka manjwanjwa kuhhe,
Ekahanduka akabhata mabhuku antolo ekwele!
Moto ukahalabvuka kwelubakanyana.
"Itini ndibese mapango en'umba yeya yakawa!"
Bali, TaAyibgwililane bakabejalo bedabila bo.
"Ngono hhapa tohaka baka imwe n'umba towothama titini,
Ayingineni muhango tihake whuni?"
Ngono Ayibgwilililane ekapabo mano awe.
Tose tikabalingana tikolinga hhalima lipahhe.
Ilihandulo yakakwana iyeyo.
Puti puti kuliputika kwemoto whoya uwoneka
Nhuntana Matongo eposa dama lelezwa amutowilila!
Lubaka gose bakanyalala zwabo.
Ngono tose tiziba kuti nyalala ikoko wulebeleka.
Moto whoya labe simbe.
Aaah! akutjina moto tjini?
Kuna angagalilia masimbe akajali?
Mwenemwe welinga kanyi kukwe,
Towolezwana mangwana.
Kunoyedza kwasala masimbe nenlota woga!

Mwenemwe unoti ndimi nkulu

Hhapa kusakalingisana nawe,
Ndiwe unotanha dombo umimila.
Ndiwe unobhaya mima usola,
Yezo usingawisise.
Tjawusingawisise kukuli tjilelulelu.

Wakajalo usingawisise,
Nozwithama ntjenjebvu unoziba zose.
Uzwiloba fuba uti anditothama.
Uti kose kunolema whisisa kosodzoloka.
Akungandikhone,
Iwe awutoziba zose.
Kene nami hhanditoziba zose,
Ndizo nami hhapa ndilidza nditi ndimi ndimi ndoga.
Guli lumbo gusingakudze bamwe.
Guli lumbo gunoti ndimi ntjenjebvu.

Usihinge bamwe,tjitongo zwilinga bo
Ngula awo maboko hhapa usingazibe.
Hhalila nlomo uwo, thuma uti wuu !
Apa wohaka lebeleka hahamula maboko.
Kwawusingazibe tongonyalala, tjigubhu tjitjo,
Lidza uti kwangu kwangu.

Zwinhu zwina zila yezwita nayo

Zwinhu zwose zwinazila yeta nayo.
Akuna kunongotiwa kungohanganyiwa.
Wangohanganya zwinhu iwe wakaswika hhulo.
Usipo kose kwakakuhingiwa zwibuyanana,
Kunda nezila.
Zila inohhisa mbhudililo,
Inosiya kusina tjaminyiwa tjikapela,
Kene tjaminya tjikapedza.
Apa wohaka vula inodziyisa mbili,
Mahhani, tjukela vula nenkaka,
Tohanganyisa kusanhu kukangina muntumbu.
Ngono iwe ukoti mundipe tsukela yakajalo,
Vula, mahhanhi nenkaka kuli koga,
Kowonohangana muntumbu!
Itji tiye yawangwa wale?

Panoti Ludo

Pose ndipoteleka ndakahhula meho ndobona mamankanyo.
Ndipoteleka ndihaka senhu unodzila.
Ndakatongo swika mulubaka gweti hakuna tjakajalo,
Ndikapala pasi ndilamba tjose.
Ndakako hangana nawe mwana waTjingoma,
Ndakabe nditi tshime dzongazo,
Nditi tikakupa tiko dzonga towonohaka limwe.
Banjinji beti wuwhana masimba kwembudzi kati akuna tjiyapo.
Nditji muhhalima ukandi kweba nempama isihoma,
Ilimpama yeludo ukayihomeka mumoyo wangu.
Kene yihomola akuna angangatubula.
Bamwe ndibo bakabe nemabanga egwadziwa,
Ndatola mwana wakanaka wakaTjingoma.
Ndakandisingazibe kunoyi haya mari.
Awuzondidila mari kene fumwa yakanyi kwedu.
Tjinyolotjo wandida wakatangisa pombonola,
Ukathathanula zwaka zwili mukatikati.
Ukandilakidza ludo busiku nemasikati,
Ndilimuhhalima ndelegwa.
Waka voneka se nyenyedzi nasi ndimutjedza.

Linga tabe nemakole tiwhanana
Takahangana nemamanikanyo nedzila uli ntome kwangu,
Muludo ukandila mbeli wakalonga tjedza.
Kulema wakagala undiwatsula,
Ukandiwatsula neludo gunonyaladza moyo wangu,
Neludo gugo,nemoyo n'lefu wathama ndikawamutjula kwandili
Ndotjinya,ndolahika kakale ndikonegwa,
Kose ikoku awutokulinga,muludo undida ndakajalo.
Unamoyo n'lefu uti ndowohanduka.

Hhapa nditjebuka kwandakabva

Nditjebuka hule kwandakabva,
Kubili kukulu kwakatikala mubupenyu gwangu.
Kubili kwandinoti kondihanhisa.
Kwekutanga ihhuba hheliya ubvuma kuti nondida!
Tjebubili ihhuba lawakabvuma ndibhikila hadza.
Ndikakukumbula ndowha ndigadzikana,
Kuti imi lebeswa ndakatani ndili tjibululu zwatjo,
Wana nhu wakanaka sawe.
Nondihanhisa kakale nongigutsha.
Mwali ngaandile mbeli etitungamila,
Ngaatipe mbhudililo sendipa iwe kwaakathama.
Kukuli ndikupa!
Nekene kukahha tjampumpudze,
Kuhhe kukatonhola kungapani,
Kukuli ndowogala ndakanamatila.
Nemawhi mahomanana ihhawa,
Ndoti ngatibe nebupenyu gwakanaka.
Imi ndakalingilila kuti tidle tose makhisimusi asingapele,
Iwe ugala uli wangu!

Mapahhambwa

Apa kene wakatongodla dobgwe,
Bhahhambwa lakanyoza!
Lakanyozelela linoti hhapa ulilinga uhwa mate ebvilidzila nlomo,,
Linga lina hhimila lakahohhela?
Padobgwe ndipo pana hhimila lisinga hlise,
Ngali gale munsikana mila,kwabe kumwe!

Hhapa ulikwamula,
Ulipemula uliposela munlomo,,
Ate zipa kwalo,
Ukasazwiluma lunyala unozwiluma nlomo,
Tjinyolotjo nobe wabe nenyota wohaka vula.

Ngono ukaliwana lisanhu likayibva,
Lina mbala wemahhani,
Ndilo latinoti ibhahhambwa.
Ungolilonga munlomo,
Pawunolitafuna tafuna,
Woga nowha kuti alizoyibva.
Kene mamidlana alo anopelela mumeno.
Lingozipanyana nowha akutjazipa,
Tjinyolotjo nobewohaka vula.
Dla bhahhambwa wutila dzila koga.

Ngono hama dzangu hango yapalala,
Kutiwa nelabukila mapahhambwa.
Miha inopalala ipaladziwa nemapahhambwa,
Bukamu gopalala nayiwo mapahhambwa,
Kene nemihingo inopela kuli iwo kakale mapahhambwa,
Tolahika tilabukila kubisi kusakayibva.
Mandilibilidzila ndibomme bandinonokela!

Inobhata hhamu nepamhiwa

Ndakandizana zwangu ndili kukwele,
Ndaka ndihaka bongwa kuti ndimi ndakatjenjela,
Ndizwida nditi kanyi kwedu atitohaya,
Ndisingazibe kuti basingahaye bazwadzi,
Imi gwangu butjilo ndegwangu.
Bamwe bedla bhuku,
Ini ndakandihanha kuzwitolo.
Ah,hango tayidla,inozipa tjose
Hanha takahanha zwedu tikaguta.
Lubaka gwemazama gukaswika,
Ahh mibhuzo ndimi ndakabhuzwiwa,
"Waka uliponi bamwe bedla mabhuku?"
Bhakhwazo nehope muzama kwaka kulihine,
Kene notola kwakabhuda mumazama handizonda.
Ndaka ndiziba kuti akuna tjakabhuda kwakatswa,
Ndakangoti kubazwadzi,
"Inobhata hhamu nepamhiwa!"

Gumwe butjilo

Kuna gumwe butjilo,
Gunopinda butjilo gwekuti ndatjibhika,
Kuna butjilo gunopinda kuti ndinlongo,
Gunopinda kuti ndiyi nkadzi wanhomwe.
Butjilo! butjilo!
Kuyi nkadzi wanhomwe ndegumwebo bupenyu
Kuyi tate kohha ndegumwebo bupenyu.
Ukakongwa swika akutoleba kuti awutehhele.
Ukakongwa bhika akutoleba kuti walahikigwa.
Ndati kuna gumwe butjilo!
Usiwile kene wigwa nekumwe,
Nekuti noyi wakaloyewa,
Kene hla biganyiwa nembeba.
Bamwe takababiganya nen'tha yayikoku,
Takababiganya beli bapenyu,
Kene mazina abo hhatitjawakumbula!

Musa n'holo ulinge mbeli?

Nohla vula zwingapo semhuka,
Kene kukapisa tjini notihha vula.
Ngono hambwa ndiyo yabe ganda,
Nhuzi dzitatamisana dzihha kukuli.
Ungabe neman'a angapo mumakumbo?
Anonda enunga mabgwe muzila!
Idzo humba dzapedza hangu nemasokisi
Zwimbalo izwo zwonga zwazwisukiwa,
Ungati zwimbalo zwasukiwa nematororo ewuku.
Meno hatitjaleba?
Ukangohhula nlomo nengoyi hhatjitoma.
Idzo hhapwa kwasala kuti kubhude makonye.
Nokumbula kuti zwilamba kowokutjidza?
Kwakatikala kwakatikala,
Milidza n'holo ulinge mbeli.

Mapeni

Bawhola banoti unoyizela hhope ugele zwibuyanana,
Banjinji ekangobumbuluka dzabe khuta.
Kati mapeni wakasaponi?
Apa kene nowahaya woga tjini?
Bana bebamwe banodla zwinozipa tjini?
Kotiwaneni kuti uhaye keneni?
Kene newhope adzitjahha kukuli,
Nobumbuluka ungozwibhuzwa koga.
Meho ungati ungadza ukahomola.
Whope dzilamba hha.
Uzwibhuzwa kuti "apa kene ndolahika poni"?
"Kakale ndandakafanilo tani?"

Whoku kulizwigadza khutha netayila kwemapeni,
Gumwe lubaka uti baseli ndibo banobhudilila,
Ukumbula kuti ngeno ndiko koga kuno tjigwa butjilo gwekakata.
Ateyiko! usikumbule kuti kola kotiwa neyizela,
Uti pamwe banohwa bakayizela ikweno.
Hapa mapeni abe manjinji whope dzotelela!
Ndziyilo nemamanikanyo anohha nebunji,
Zwinomanikanya bulubi,zwikupedzela whope!
Tipoteleka tihaka mapeni,
Tobhata hapa tikabhata hapeya titi pamwe kungathama,
Utongohanha uti pamwe kwalulwama,
Tisingazibe kuti hhakuna tjatambunuka,
Dzila kondila mbeli,akutoyezeleka
Kene ukati imi ndozwinyima zwodliwa!

Apa kene kuna angayizela nehhala?
Musindinyepele muti nditate nhomwe!
Banoyi banayo hhabato hligwa.
Ndakabalinga busiku gulefu kubali,abatoyizela,
Mfi koga ndiye wanyaluluka wakayenda kule.
Iswi ndiswi ndasiyigwa sayizela,
Titi yenda kwemweni wenzi tabe milalatawu.

Nolilani?

Nasi kungabe nasi,
Koga mangwana nasi kobe kwabe hhulo.
Mangwana anobe nasi mangwana,
Mangwana na nasi kopinda kukabe hhulo,
Koga hhulo akutofa kwabe nasi kene mangwana.
Kene nasi akutokhona be mangwana,
Koga hhulo,nasi nemangwana kopinda.
Tobe totondeka titi kwakatongojali,
Koga zwodliwa zwanasi zwinganyaladza yani wali?

Ndoti hinga kuyapo nelubaka igogo,
Usisundile ntome uti ndoopela ndikabona.
Kwatikala kwatikala lubaka gonda,
Ukama uti letja nditongolila,
Ulilila kwanasi,
Nasi kobe hhulo.
Ukalilila kwahhulo,
Hhulo kobe ntolo!
Hhulo nantolo hakungabumbe nasi nemangwana
Ngono nolilani?

Poni?

Pano kene hhapeya kose kopisa,
Nditshambe ngeno kene yeno ndotshwa.
Nditshambe poni ngono?
Nditshambe wali?

Ndikati tola imi ndosala nemwina,
Ndikati handusa iwebo nosala nemwina.
Ngono totola poni?
Tikasiya poni?

Moyo unonga nti unohalula kwemela,
Ngono hhapa wohaka mela kabili,
Towuntatjini moyo iwoyu?
Toti ngeno?
Toti yeno?
Hhapa kene hhapeya?

Nti iwhoyu awuzofanilo tidzidza.
Awutotola lubaka bhata,
Tovuna lutabi ngono,
Ndigo gwatinowonodzwala ntome!

Hhuba langu gulu

Banji taka takong'wa tasiya,
Kene nami ndaka ndoti ndiko pela kwangu.
Koga ndafunda,usilibilidze lamba,
Hhapa mweni webutjilo ebvuma.
Hhapa uti ngono ndapelegwa,
Ndiko kwawunoyi milika uhanhigwe.
Pawunoti zila yalema ndapelegwa,
Kuna unobe akalinga esekelelazwe,
Eti poteleka,butji nenkaka kupedlo.
Hama dzangu nasi ndawana butji nenkaka,
Hama dzangu nasi ndohanha,
Hama dzangu ndabhatanisiwa newumumoyo wangu.
Lingani mubonebo hinga kwaMwali,
Nlume wangu ndow'mpfigamila,
Wangu nlume ndowun'kudza.
Wandihanhisa kwazo,
Ini kumwe kwawungahaka wali?

Mayi bangu

Bomme kwamunongina kotjenamisa.
Mongina mubhuda muzwinhu zwinohlisa,
Mubhuda makamilidza miha yenyu.
Motifumbata mukatibgwatisa mumapapiro enyu.
Ndikasamuboka mme nekwamakangina,
Ndingalobgwa nehamu inowosala yakakwala.
Ndiluhaba ndisingazibe tjinhu,
Tate bakasenga zwabo bekatisiya.
Mukasala musina kwesendama,
Kene kwakajalo makama Mme.
Makahalula kuti mumilike pabamwe mubagwe,
Makawha nesogwa nehemewa,
Beti umfumakadzi waponi engakudza bana yega esina nlume.
Kuyi nhhuhha un'ompela ato komba tjulu.
Mukati kene ndilimfumakadzi ndoga ndowotjikombeledza tjulu.
Hango hhayina ngoni nebanonga imwi Mme.
Inolinga nehhiho lekuti tohaka bona kuti unota tjini?
Tohaka bona kuti bana babe unobapani?
Ngono makakulamba mukakutuka kose.
Makandipa butjilo gwakahalabvuka.
N'hingo usingalebe tjinhu zwinhu zwisimile zwibuyanana,
Mukalamba dzidziwa nekayikanyiwa.
Makahinga kuti ndisitakhwe kukwele.
Akuna tjandakahaya muzwinyima zwodliwa.
Wana kwangu kulihaya kwenyu Mme.
Mme makandipa kakale mondipa bupenyu.
Hhapa ndikumbula kose Mme mihodzi inobe tshime.
Kene nanasi amutonyala ludo gwenyu aguto lizanyiwa.
Ndomuda Mayi bangu,
Ndomupa butjilo gwangu.
Ndimi wenyu mwana Hanhani,
Ndomutila kose ndihinga nemasimba

N'hayi Waseba

N'hayi nasi wadlabo zwinozipa.
Hhulo waka esekewa buhayi.
Nasi unodla zwinozipa.
Bantolo bakati dzakadzili whoba dzabe njizi,
Beleba kuti wakabe ehaya unowana nasi.
Lingani nasi banoyemula.
Iye ezwida bo.
Tjinokola nokola tjilaha.
Tjose! tjisingapele tjohula.
Dzila kose kwapela abe masimbe oga,
Yezo! N'hayi wasebabo ka!

Handitjapamha

Atizi imwi koga imi anditjapamha.
Ayi! ayi thamani zwenyu moga imi anditjapamha.
Moto wakalulwama ulimupfiwa,
Ngobe kene nyemba dzoyibva.
Hha ungawulonga mungubo kwabe kumwe.
Ngono ukayi wabesela mumeho ke?
Imi mptu! anditjahaka,
Gwangu bupenyu nditjaguhaka.
Hatizi imwi,imi handizo ntunya.
Ndayibva ndalulwama,
Ndatjibona kunonda sawha.
Tjenjela whumilidza maboko,
Nditi kwangu ndapedza,
Nditihhe nebupenyu gwangu!

Hhisani tidle

Apa ali malebeswa hhisani tidle,
Tidle tihhadze mitumbu.
Apa kuli manyepwa tshilani pasi.
Atizi kuti kuna engapindabo napo,
Eti mutipe tidle.
Guli butji gweludo mundipe zwangu,
Swisanani guhha nangeno ndiwanebo,
Tiswiswine ntumbu udze utatamuke.
Uli nti unolapa buhayi mutipe titafune,
 Titafune tisebesa nehadza.
Akuna wawhabo kuna midzi inolapa bungwa?
Apa mayiwana mutipebo ngeno.
Mutipe tidle tifumebo mangwana,
Kose kwalulwama kwabepo.

Bunyambi

Butjilo wogu mwanangu gohaka bunyambi.
Agutohaka hwa uhhula mabhuku.
Ukangopoteleka udzungayila awunga hanhe,
Ukasahanha nohaya bupenyu.
Nhu wakafanila sununguka ehanha,
Matama akatjenjela.
Kulileba kwebawhola,
Umilika ipapo ungina mubunyambi gweludzi.
Ipapo ndiko kwawunolamba gadza nlomo muzwimilo.
Luboko walamba thama segudo!
Ngono hhapa watjinya nefupatila tihha koga
Apa kulebgwa matama akajalo
Ziba kuti butjilo gohaka bunyambi.

Apa wagagwa nendzimu

Ukabona yasedzela yatola,
Imi ndobe ndotebela koga.
Masimba ose anopela imi ndotobela koga
Midzimu indipfigamisa.
Ipapo ndobe ndisitjina tjandinokhona bhata,
Kuhhe kwengohingisiwa koga.
Inobva indizunguza,
Nami ndikozunguzika nditobela.
Ah inobe yapaluka nhumba,
Imi ndisina kwebgwata.
Inobva yaswika igala munyama,
Imi pasi ndabe n'landa.
Midzimu yagala,
Ili midzimu yekwala nhetembo!

Zwidiyo

Kuti titi wazwidiya,ini tjawathama?
Wazwidiyani kunoyi zwidiya?
Kuti zwidiya ndiko tini wali?
Kwele tjekukwele nditjokwele kene?
Unoyi wadiyiwa wanda kukwele kene?
Wanda kukwele wadiyika wali?

Ngono tozwidiyilani nditongobhuzwabo?
Matini?
Mohaka be madokotela?
Mati mohaka be magweta newhola dzemakampani?
Ndawha zwakanaka kene ndina zwikuni muzebe?
Nditjo kwele itjetjo?

Imi ndalamba!
Todiyiwa kutila kuti tibe banhu,
Tibe banhu bana bunhu gwakabva mubanhu.
Woku ndiko diyiwa kukulu.
Ukabe dokotela kene gweta usina bunhu,
Diyika kwakajali hhate diyiwa!
Diyiwa bunhu guna bunhu.

Sekelela kukwe

Unoti ekaposa hhiho,
Hule kwelubakanyana wasekelela zwe.
Unonga unovululwata,ekutjonya nehhiho.
Koga kusipo kose kulisekelela iwe ukobona kusipo.
Apa osekelela kwebupelo,
Ekakusekelela nomuka ukabe mpenyu.
Apa uli nhu wanyala usitjina tjawungalingilila,
Nobona hhalima lose litihha,kose kwabe palenje.
Apa kuli dzila nobona kwatihha,
Ipapo unobe asekelela kweyimwe zila.
Ngono iwe nowhatjini?
Ipapo nobva wawha mbili wose ube nebupenyu,
Lopa liti ndigelileni,lilabuka nembili wose.
Hhana iloba sevula inohapayila.
Iwe kene kwetangila hhawutjina.
Ukanunga whoku wasiya,
Wanunga whokuya wasiya,
Kuli sekelela koga kwathama ujali.
Nlumetate unohanduka ekabe luhaba,
Ohaka n'gwa kene bhabugwa.
Hama dzangu!
Sekelela kunoyi sekelela imi ndokuziba!
Wangu nlomo ndasunga zwangu,
Hana ndobe ndahalilila mutjisefa,
Tjisefa tjipasipasi kwemakomo,
Kuti vula inopayila isiwane wayinopayilila.

N'hingo maboko

Umwe nobona mihodzi iwunga,
Kwayi mihingo inotibgwatila.
Woti ngono tjadzila kungapa ini,
Iwe unambili uhhele?
Pa kuli meho unamhahha,
Maboko esi mahoma.
N'hingo hama dzangu maboko,
Hate nhomwe nekampani iye!

Tisilile titi whoku nawhokuya,
Tisibhate bhate zwisina n'hingo,
Tisiya zwinohhisa mbhudililo.
Mbhudililo imumaboko awo.
Letja kumbula kuti unondipa n'hingo ndiyani,
Nohaka piwa n'hingo kuti ihadza?
Kene ilo hadza pa hhala yaloba noma woga pamoto!

Ate nditi ndimwi imwi makadla hwalo dzose?
Noti kwele tjose tjawunatjo ndetjemilila piwa n'hingo?
N'holo wakamonewa wutambunudza kodzidza.
Bakatitolela hango moti bakatitangila kumwe!
Hakutjina engati imi ndoziba ndokhona ma ndoga,
Tose tolabukila nohingila nhomwe neluzibo gwatawana.
Kwayi ndohala hingila khuwa linondipa mari njinji,
Linondisa bana bangu kuzwikwele zwapehhugwi.
Towolota tizwibhuzwa kuti n'hingo wakajali ndingawuwana poni?
Ngono wusaziba kuti notiwa bhoyi,
Butjilo gugo nesunvnguka kuko watjitengesa,
Nokhona ndisa woga bana babo kose nebehama kukwele!

Handitjina masimba

Imi ini tjanditjabhata wali?
Ndakatongo sunda kunosundika,
Ndikabhata kwaka kubhatika.
Simba ndilo lisitjipo!
Ndakahakula,ndikahakula yangu ndima.
Ndikabona ndima yakhona isingapele?
Musikumbule kuti ndalamwa, hhandizolamwa,
Masimba apela.
Kwemalebeswa ndakatongolamwa,
Nditi pamwe ndikafupatila kuna tjingahanduka.
Ngono kwakabva kwapamhidzika,
Mukahanha kuti ndalamwa mothama kwamunohaka,
Koyi tjanokumba mbeba dzikahanha.
Kwemalebeswa ndakatongo musa n'holo,
Ndikamubudza kuti molahika,
Ngono mawhi angu akahaya wakawhilila.
Ndikatongogwisabo masimba akapela,
Nasi ndolingabo zwangu, maboko ndakapeta,
Tibone kunowila swimbo nedobgwe!
Iswi banoti takakubudza tatjimilila hhuba ledu,
Latino kukumbudza kuti takakubudza.

Hohhela Hohhe hohhe kulihohhela

Kumwebo molinga,muhohhela,
Tjatisingazibe hhatitohohhela,mosala hule.
Upinda kunotengesewa zwimbalo zwakatongombagwa,
Nopotelekabo uhohhela,
Nokhona bva wakasenga zwemari iwe usina mari.

Ukawhabo kwabe nehhoba,
Hhula mehho uhohhele,
Pamwe kwabe nemoto usin'homa.
Kuko kwegala uti kwangu,kwangu siya!
Pamwe nowila mubulemo.

Ukawha kunahhobanyana sedzela,
Usihle banoti kolulwama,
Milika unoti hohhe hohhe uhohhela,
Pamwe mun'umba kwangina tjita.

Wawha kwanhuwa moyo wabantema,
Usiti "bazwimilo banowohha betambunudza"
Milika,umilidza kose uti hohhe hohhe uhohhela,
Ungatjenama ubona mahula.
Dama langu ndilo zwalo,
Lekuti kumwe hohhe hohhe uhohhela
Nami ndohaka bona kuti nowobonani!

Kwanasi handina

Muwum'bona akajali,
Bhuzwani zwahhulo kene hhulolidla,
Mobudziwa ndebo dzisingapele.
Unomubudza kubva kun'holo kudzina kuswika kumwise,
Bhuzwani hhapa muhaka kuti ngwa yakatanga nayani,
Bhuzwani hhapa muhaka kuti hango yaka yatogwa nayani,
Ndati hhapaa muhaka muwum'bhuzwe kuti bakagwa ngwa bakafila
poni,
Hhapa muhaka bhuzwani banotungamila dzihango,
Unomumbila kuti wakatungamila gole lipi nalipi kuhango ipi nayipi,
Tjibhuzwani kuti ngono nasi nobhatani,ukadlani?
Unohandula eti,
Kwanasi handina!

Hhuba langina

Lanasi ndiko pela kwalo,
Tahinga tjinohingika tasiyila mangwana,
Hhuba lanoyizelabo kuna mayi,
Iswibo totebela tinolobelela matama munsazamilo!
Ngono mulubaka igogo kuna umwebo unomuka,
Kwayi ledu latangabo hhuba,
Latanga lijali uyapo unolila koga,
Ngono ndiko kutibatate hhalima munzi.
Itjo tjinobhakhwa bamwe belikuwhope ini?
Atizi ikweno tingakuzibila poni wali?
Iswi musitibhuzwe kwamunohaka bhuzwa,
Mutibhuzwe nekwatawolota

Kwayin'gwi...

Kwayi wawakafanilo jali,
Ngono iswi tokujali.
Saku watjijali hhakutjina keneni
Wawungalila uti kwayi!
Woti tshene ndakajali,
hhakutjahinga.
Nongolila woga uti mmee!

Hhapa kwakubhata...

Hhapa kwakubhata kobe kwabhata.
Mwana webanhu unomon'wa
Unobhatilila hhapa,hhapeya,poni?
Unotjuluka ewa ezwilobelela pasi,
Unomilika sethumo, ehanduka elobelela pasi ebva enyalala.
Imwi milomo yahama koga netjenama,
Mobhata miholo,
Mukabhata ntumbu.
Namwibo momon'wa hhapa kwamubhata.
Hhapa kwabhata kobhata kukabhatilila!
Pa kwakubhata kobe kwabhata.

Vula Yedutu

Apa kene wawha kuti unobhuzwani?
Unobhuzwa kose kubvila hhuba lawakatanga nkhombisa,
Wangoti ndokuda koga,
Tjinyolotjo wabvuma.
Unongoti kwakalulwama abe mangwana,
Iye eti ndogala ndog
Kwakajalo tihha koga ivula yedutu!

Wahangana nebahhuhha mudoropo,
Banoti ihha ngeno tikupe n'hingo,
Bamwe beti tina madili emari isihoma!
Bekangoti wakabhata bungana?
Hhisa ngeno madili abehine.
Hhula meho ivula yedutu.

Beti apa ndiwo n'ha wedzin'umba,
Apa ukumbila whalo dzemweni,
Ukabona belinga ntome bedzetadzeta,
Bekutatamila kuti tjidusa.
Tjenjela senga kuko ufupatile,
Ivula ina dutu tihha.

Mohwanana kunotjenamisa
Mamanikanyo ose edoropo anomuziba,
Kusina kene hhama iye inokuziba
Kene ukati ndohaka hangananabo.
Mahhuba ose edzeta dzeta.
Hhula meho ivula yedutu.

Ndebo dzidze akuna yakatambunuka.
Dzinotuka dzihhele munlomo uwe.
Atohla kuti unkadzi kene n'lume wanhomwe
Iwe ungosekelela uti kwatakabva ndiko kule.
Ekuhaka kene poni.
Hhula meho,
Ivula yedutu tihha itjikule.

Titose

Takatiti tipanhu pan'ompela,
Kati imwi maka mumoga!
Ilebeswa hhudo dzondilana,
Kati iwe wakahaya bamwe bakwinya?
Wawazana naye ndiye wathama tikukumbulile.

Pamwe ndiswi tisingabone,
Koga ndalamba,
Thama kwebanotengesa ndekwenyu,
Kondilana akuzwosiyana!

Kene pamwe,
Ndiswi talahisiwa nebamwe bedu?
Bhata tikumbule kumwe,
Ibo benakwabanohaka thama?

Thamani

Ndati thamani zwenyu muti
  "Titjahanha tijali zwedu".
Dlani zwenyu muti
  "todla muminda yatate".
Pfulani zwenyu muti
  "takathama toga bhora".
Pulani muti,
  "iswi takalima toga".
Kuli tjekelela,tjekelelani zwenyu,
  "whuku takapfuwa toga".
Kuli nda, ndani zwenyu muti,
  "ndiswi tinoziba zila".
Thamani zwenyu!

Koga pa mabe imwi munodliwa,
Minda yodla imwi,
Mopfugwa muli imwi,
Mopugwa muli imwi,
Mogotjewa neyamaka mudla,
Molahika muzila yamunoti moziba,
Iswi toti 'takamubudza".

Hhapa mobhayiwa,
Hhapa mobhayiwa nemhiwa,
Ndati hhapa mobhayiwa muzila dzenyu,
Musilile,
Musiti "ihhani mutitombole"!

Kwayi ndiyipi iyeyi?

Kwatjenamisa kwatjenamisa,
Atizi atizi kumande,
Tatjenama nako.
Ngono tingazibani?
Ndekwemeho,
Nlomo sungazo!

Mundiwhilile bo

Imwi munozwiloba fuba,
Munoti moziba,
Munoti imwi mokhona kupinda bose.
Kwawakatshamba ipapo unoti ndiwe.
Mundiwhililebo!

Kene wakatukutila kungapani,
Kwawakatshamba ate iwe ndi Mwali,
Ziba kuti gumbo lingompela alitoma!

Ngono ini wali?

Ngono mwanangu,
Meho aputike nehhugwa?
Ndahhula meho,ndihhulila tjisipo,
Ndanditi pamwe ndobona waswika,
Wahha naye nkwaha unobva kubanhu.
Zebe ndahhula nditi pamwe ndowowha epindisa!
Sewakula mwanangu wayibva?
Tshene uli subvu ngono unobe wabepedlo nedliwa.

Koga mwanangu kwatatjini?
Ndibe kuku bemakhombi mwanangu
Ngeno umwe eti"kuku" apo "kuku"?
Ndohakabo unohha elemegwa nebgwisanyana,
Unohhabo nen'ombe yamme,itshamba yoga.
Ngono ini mwanangu?

Gole dzwa

Tangina mugole dzwa,
Ndatjebuka ndihaka kutshwa.
Aya! Ndimi ndisingabone,
Kwataka titi 2015 teti 2016,
Ndakapedza gole ndinamasilivanyana,
Ngono ngwenu hhanditjina.
Kose kwakapelela muhanha.

Kwataka tinda nemakhombi,
Ngwenu tonangayila,
Tiloba nadzo mota dzatakapiwa naMwali,
Dzina nhamba puleyiti inoyi efu zero zero thi (F00T).
Noswika kwawunonda wapela nenyala,
Koga waswikazo!

Kwataka tiyizela mitumbu ilihhele tadla kwetjikhuwa,
Toyizela nawo magwadla.
Toboka ngono ngobe kuna banolala nayo vula.

Kun'hingo kwakakuli kun'hingo negole lapela,
Ngono gole ileli tohwa tiyihaka mihingo,
Kene hwa uli gelezo kanyi!

Ndilo gole ledu dzwa.
Kutshwa kungapela wali?
Atizi kumuli ikoko.

Tjithombe tjeNtetembi

Gwendo gwekwala, gwendo gwebanji. Ungagala pasi uzwikwalila woga
saku butjilo gundila mbeli pa maphepha. Butjilo gwenhu gumutjilisana
nebanu, muhana, mugwadziwa, muthembana nekumwe kunjinji. Tosala
zwedu toti ntetembi Ushehwedu Kufakurinani, koga batetembi beleswa
ndibabo babenda naye mugwendo gwebutjilo lubaka gose. Ndizwo
nekwakajalo, ndoboka mhuli yangu, kunha wandakazwagwa, nekunha
wandakazwaligwa nkadzi, Mme bangu kubuKalanga, hama, bakwinya
nayibo bose banonda nami gwendo gwebutjilo. Taboka banodiwa!

Ntentembi wedu unozwagwa ku Bikita akazwaligwa kusibhedlela tje
Silveira gole la 1982. Unodiya kuYunivesi yeku Sussex. Wakadla mabhuku
ekaswika pandima ye PhD ku Yunivesi ye Zimbabwe. Elintjetjana
wakangina kwele kuBata Primary ekakondila mbeli nezvidiyo kuLoreto
High. Unhu unaludo kakale ehanhila kwala nhetembo dzinamalibho ne-
amwe mahwi akasiyanasiyana. Unoda simisa ndimi dzedu dzetjibanu.
Kufakurinani una nhetembo dzabe njinjana mumabhuku anohanganyila,
Shoko Harivhikwe,Gwatsvira reNhetembo nelinoti Hodzeko Yenduri.